AF397755

Alto al Acoso - ¡Ahora!

ESTRATEGIAS DE CÓMO LOS PADRES PUEDEN AYUDAR A LOS NIÑOS CONTRA EL ACOSO

Anne Morgan

No se permite la reproducción total o parcial de esta obra, ni su incorporación a un sistema informático, ni su transmisión en cualquier forma o por cualquier medio (electrónico, mecánico, fotocopia, grabación u otros) sin autorización previa y por escrito de los titulares del copyright. La infracción de dichos derechos puede constituir un delito contra la propiedad intelectual.

© Anne Morgan, 2020 – 2nd Edition

Impreso y editado por Books on Demand GmbH
info@bod.com.es - www.bod.com.es
Impreso en Alemania – Printed in Germany

ISBN: 978-8-4132-6764-7

Información General

Este documento y todo su contenido está protegido por la ley de derechos de autor. Todos los derechos reservados. La reimpresión o reproducción (o parte del mismo) en cualquier forma (impresión, fotocopias u otros métodos), así como el almacenamiento, proceso, duplicación y distribución por medios electrónicos en cualquier tipo de sistema, del documento completo o parte del mismo, sin autorización por escrito del autor está prohibida. Todos los derechos de la traducción están reservados.

El uso de este libro y la implementación de la información aquí presentada se hace bajo la responsabilidad del lector. El autor y quien lo publica están exentos de cualquier tipo de responsabilidad en caso de que se presenten accidentes o daños de cualquier tipo que se presenten por consejos incluidos en este libro.

El trabajo, incluyendo todo este contenido ha sido preparado con el mayor cuidado. Sin embargo, los errores en la impresión o en la información no se pueden descartar por completo. El autor y quien publica esta obra no asumen responsabilidad por la manera en que la información sea impresa, o qué tan adecuada sea. No puede haber reclamos legales de ningún tipo por información incorrecta o por las consecuencias que resulten de esta información. Los operadores de los sitios web son exclusivamente responsables por el contenido de los libros que publican.

Inhaltsverzeichnis

INTRODUCCIÓN   **9**

CAPÍTULO 1: ACOSO Y LOS NIÑOS   **14**

CAPÍTULO 2: PORQUÉ LOS NIÑOS SE ACOSAN ENTRE ELLOS   **18**

CAPÍTULO 3: EFECTOS DEL ACOSO EN NIÑOS   **22**

CAPÍTULO 4: QUÉ ENSEÑARLES A LOS NIÑOS SOBRE LOS ACOSADORES Y EL ACOSO   **30**

CAPÍTULO 5: AYUDA A DETENER A TU HIJO DE SER UN ACOSADOR   **36**

CAPÍTULO 6: CÓMO ENFRENTAR A LOS ACOSADORES   **44**

CAPÍTULO 7: CONSEJOS PARA SUPERAR EL ACOSO   **50**

CAPÍTULO 8: ACOSO: CÓMO PREVENIRLO   **55**

CAPÍTULO 9: QUÉ PUEDEN HACER LOS PADRES PARA AYUDAR A DETENER EL ACOSO	60

CONCLUSIÓN	66

INTRODUCCIÓN

Recibiste una llamada del maestro de tu hijo para una reunión de emergencia. Una vez allí, te enteras de que tu hijo ha estado teniendo una conducta ofensiva: tu hija fue etiquetada como una abusiva o tu hijo fue acusado de ser un abusivo en la escuela. Como padre, ¿cómo puede usted abordar tal comportamiento? ¿Podría haber algo sucediendo dentro de la casa que podría haber provocado que su hijo sea un matón? ¿Qué puede hacer para hacer frente a la situación? Siga leyendo para averiguarlo.

En primer lugar, usted tiene que entender por qué los niños intimidar a otros niños en el primer lugar. Si su hijo ni siquiera lucha con sus hermanos en casa, ¿por qué surgirá de repente el comportamiento de intimidación? En realidad, hay muchas razones por las que los niños recurren a la intimidación. Pueden sentirse inseguros sobre sí mismos por lo que tienden a ejercer su autoridad sobre más débil, los niños más pequeños para compensar esa inseguridad. Algunos niños intimidan porque quieren sentirse en control, más poderosos o más importantes que otros niños. También hay otros que simplemente no aceptan el hecho de que escoger a otros niños es un comportamiento inaceptable.

Otra razón para que los niños intimiden a otros niños es que se ha convertido en su mecanismo de supervivencia para lo que está sucediendo. Si un montón de gritos, peleas o incluso la violencia doméstica ocurre en casa, esto podría ser pensado como normal por un niño que está haciendo la intimidación. En la misma línea, los acosadores que ven este tipo de comportamiento de niños mayores y más fríos en la escuela podrían simplemente estar copiando lo que vieron.

Dependiendo de la razón señalada para el comportamiento de intimidación de un niño, ¿qué pueden hacer exactamente los padres para prevenirlo? ¿Cómo se puede manejar la situación? Aquí hay algunas sugerencias para probar:

• Deje claro a su hijo que está tomando una posición firme contra el acoso escolar.

Incluso si es su hijo que está haciendo una intimidación, hacerle entender que nunca es un buen comportamiento. Ejercer su poder sobre otro que se considera más débil es un signo de agresión. Haga que su hijo entienda que usted está tomando una empresa contra el acoso escolar - incluso si es su propio hijo quien está haciendo la escritura.

• Ponga un buen ejemplo en casa.

Como se mencionó anteriormente, el acoso escolar puede ser un reflejo del ambiente de su hijo en casa. Si usted y su cónyuge siempre están peleando, su hijo podría pensar que es la norma por lo que el comportamiento se traslada a la escuela.

• Haga un esfuerzo para conocer a los amigos de su hijo.

Los acosadores son a menudo amigos con otros acosadores, así que haga un esfuerzo para llegar a conocer a su hijo de conjunto de amigos. Si usted piensa que están exhibiendo el comportamiento de intimidación, abordar el problema de inmediato.

• Obtenga ayuda profesional si es necesario.

Los maestros, el consejero, el director e incluso los psicólogos infantiles son los que mejor pueden abordar el comportamiento de intimidación. Si usted no tiene ni idea como padre sobre qué hacer con un niño que es un matón, no dude en buscar una opinión profesional sobre cómo se puede abordar el problema.

Si usted es el padre del matón, póngase en los zapatos de los padres de los niños que están siendo intimidados por su propio hijo. La intimidación nunca debe ser tolerada y como padre, usted debe saber cómo abordar el comportamiento de su hijo para no continuar el daño que se inflige a los niños más débiles y más pequeños en la escuela.

¡¡¡AVERIGUEMOS MÁS!!!

CAPÍTULO 1: ACOSO Y LOS NIÑOS

Los casos de intimidación de los niños están en aumento. A veces las observaciones y burlas son de naturaleza normal. Pero a veces se vuelve serio y tiene un profundo efecto sobre la psicología del niño. El niño afectado puede sentirse deprimido y reacio a complacerse en actividades normales de la rutina diaria. En casos severos, el niño puede ser sometido a violencia física por niños más fuertes que causan lesiones y moretones.

Por lo general, los estudiantes más débiles o nuevos estudiantes en la escuela de intimidación. Ellos ceden a las demandas de los acosadores. Se culpan a sí mismos y muchas veces me siento avergonzado de reportar tales casos a los maestros y padres.

Hoy en día, el acoso cibernético se ha convertido en la nueva forma de atormentar a las víctimas. Se realiza a través de teléfonos móviles mediante el envío de mensajes o llamadas. El uso generalizado de Internet en móviles ha facilitado las tareas de los acosadores para torturar a sus presas. A veces, los acosadores difunden rumores sobre las víctimas a través de un sitio de redes sociales que terriblemente desmoralizan a las víctimas.

El propósito detrás de este acto de intimidación es dominar a los débiles. A veces los acosadores tienen vidas personales insatisfechas en casa. La atención inadecuada y el amor en casa hacen que algunos niños intimiden a los demás y se sientan importantes. Sin embargo, en otros casos, las propias víctimas recurren a la intimidación de otros niños como creen que es apropiado.

Se convierte en el deber de los padres y maestros de entender los cambios de comportamiento en el niño y apoyarlo. Deben alentar al niño a compartir sus experiencias cotidianas ya desahogar sus emociones. Además, deben educarle que no es su culpa, pero es culpa del matón que actúa de manera ilícita.

Los padres pueden compartir sus propias experiencias con sus hijos para consolarlos. Pueden explicar cómo se sintieron y se ocuparon de este tipo de comportamiento. Además, pueden enseñarle a moldear su lenguaje y su comportamiento para enfrentar a los acosadores.

A menudo los acosadores repiten su comportamiento con los niños que no son confiados o capaces bastantes para atacar la situación. El niño debe ser enseñado a ser confiado y asertivo para que el matón no lo domine o acosarlo más.

Sin embargo, si la intimidación se vuelve grave, no es una decisión sabia ignorarlo. Los padres deben ponerse en contacto con los maestros y consejeros de la escuela para investigar el asunto y resolver. Si es necesario, los padres de los acosadores deben ser informados de modo que el acoso pueda ser controlado en el futuro.

CAPÍTULO 2: PORQUÉ LOS NIÑOS SE ACOSAN ENTRE ELLOS

Hay muchas razones por las que los niños intimidan unos a otros. Y la mayoría de las veces, no tiene nada que ver con los otros niños. El comportamiento de intimidación es mucho sobre el matón él / ella misma.

Nadie merece ser intimidado. Y los acosadores pueden pensar que están intentando intencionalmente lastimar a otra persona por su comportamiento. Poco se dan cuenta, los acosadores se hieren más que a las víctimas por su comportamiento.

Los acosadores son generalmente niños que han sido heridos bastante en sus vidas. Los niños pueden intimidar por algunas de las siguientes razones:

1. Están solos y están tratando de llamar la atención y el compañerismo. Cualquier tipo de atención en absoluto es lo que el matón está buscando.

2. Algunos acosadores son niños que no pueden resolver su tristeza de otra manera que perpetuar el dolor para los demás.

3. Los acosadores son generalmente enojado también. En lugar de enfrentarse a su ira, atacan a otros para que se sientan mejor.

4. Los acosadores pueden tener problemas que no saben cómo arreglar y por lo que se sienten vulnerables y fuera de lugar. Una vez más, en lugar de tratar con sus problemas, se sienten mejor simplemente azota hacia fuera en otros.

5. Los acosadores pueden ser intimidados por otros y se sienten tan fuera de control que

sienten que la única manera que podrían hacer frente a su dificultad es atacar a otros.

6. Los acosadores a veces también carecen de confianza en sí mismos. Por lo tanto, para compensar eso, suelen recoger a los niños que parecen tener confianza en sí mismos y tienen rasgos de carácter o atributos que no tienen. De esa manera, podrían hacer que las víctimas se sientan tan mal como se sienten.

7. Algunos acosadores no se dan cuenta de que ser dañino para otros es malo. Los acosadores por lo general han sido lastimados por otros. Por lo tanto, sólo hacen daño a los demás para que se sientan mejor.

8. Algunos niños intimidan porque están tratando de encajar. Si pueden obtener una reacción de otros, sienten que están conociendo a otros niños.

Por lo tanto, los acosadores parecen ser niños que son privados de atención de sus padres y compañeros. Sin embargo, su comportamiento es tan doloroso que son ignorados y evitados por otros niños. Ser un matón hace que una persona se sienta peor porque al final del día, un niño que intimida a otro no puede estar orgulloso de los niños que él (ella / eso) es. ¿Quién, después de todo, querría ser una persona que lastime a otros?

CAPÍTULO 3: EFECTOS DEL ACOSO EN NIÑOS

A pesar de que muchos padres y cuidadores pueden no ser conscientes de ello, la verdad del asunto es que el acoso tiene un efecto negativo tanto para la víctima y el autor del acto de intimidación. Los efectos pueden clasificarse como de corto o largo plazo y es su responsabilidad como padre proteger a su hijo de ellos. El problema es que la intimidación tiene que tomarse muy en serio por los problemas que causa a todos los niños que están involucrados.

Incluso cuando los niños son capaces de ignorar la intimidación que pasan a través de sus vidas tempranas, hay todas las indicaciones de que los niños se someten a momentos de estrés cada vez que la intimidación se les ocurre. Estos momentos de estrés podrían conducir a otros problemas como problemas en la escuela, así como posibilidades de experimentación con el abuso de drogas. Cuando no se detiene a tiempo, algunos de los problemas pueden permanecer permanentemente.

Hay esos niños que se someten a intimidación que más tarde se convierten en desarrollar problemas de interacción social que pueden permanecer con ellos para el resto de sus vidas. A ellos les puede resultar difícil hacer y mantener amigos como adultos que les harán desajustes sociales. A pesar de que no todas las víctimas de la intimidación sufren efectos a largo plazo, siempre es bueno ser cauteloso para eliminar estas posibilidades.

Por otro lado los acosadores tienen su propio conjunto de problemas también. Y es por eso que recogen a otros para aterrorizarlos. La mayoría de los acosadores siempre tienen problemas en casa, así como con las autoridades de la escuela y si esto se permite también podría convertirse en un problema a largo plazo. Cuando no se detienen a tiempo, nunca llegan a aprender la manera correcta de lidiar con cualquiera de sus problemas. Este tipo de agresión con más frecuencia continúa en la vida adulta haciéndolos vulnerables a cometer crímenes de agresión incluso como adultos.

En el pasado, el acoso se ha visto a menudo como un "rito de paso" algo que cada niño pasa. Sin embargo, los estudios de hoy están demostrando que ser intimidado está lejos de ser inofensivo. De hecho, las víctimas de la intimidación pueden terminar tratando problemas psiquiátricos y otros efectos secundarios una década después de la intimidación ocurre.

El daño psiquiátrico duradero ocurre a los niños que son víctimas de acosadores. De hecho, los efectos secundarios observados en los niños son a menudo similares a los que se observan en los niños que han sido maltratados o abusados por miembros de la familia. Si usted es un padre, usted necesita entender completamente la intimidación sus efectos posteriores para que usted pueda realmente entender lo que su hijo pasa cuando son intimidados. Es importante darse cuenta de que este es un gran negocio y que necesita ser detenido. Los siguientes son sólo algunos de los efectos secundarios que pueden ocurrir como resultado de ser intimidado.

Consecuencias Emocionales

Los niños que están siendo intimidados día tras día a menudo lo encuentran tan devastador que la situación da lugar a trágicas consecuencias emocionales. Los estudios demuestran que la dosis a tan% de cabritos que se ocupan del Acoso ha considerado tomar su propia vida como resultado de este problema. Casi el 20% de los acosados pueden ir a tratar de suicidarse como una forma de salir del problema. No sólo el acoso hace que los niños tengan más probabilidades de intentar suicidarse, sino que también aumenta sus posibilidades de padecer depresión también.

Los Niños a Menudo Salen de la Escuela Temprano

Otro efecto potencial después del efecto de la intimidación son los niños que abandonan la escuela temprano y deciden no recibir más educación. Cuando los niños se ocupan de los acosadores a diario, puede sentirse como prisión a ellos. Ellos nunca son capaces de bajar la guardia y siempre terminan tratando con el miedo. Nadie quiere vivir con ese miedo y estrés todo el tiempo. Ya que a menudo los niños son intimidados en la escuela, a menudo abandonan la escuela o renuncian a los planes de ir a la universidad después de haber sido intimidados

Elimina el Auto-Estima

La intimidación también puede eliminar la autoestima en los niños. Desarrollar la autoestima es crucial para los niños y adolescentes. Sin embargo, ser intimidado deja a los niños sentirse aún peor sobre sí mismos. Los niños que se ocupan de acosadores mientras son niños no sólo tienen problemas con sus niveles de autoestima mientras son jóvenes, pero esto puede traducirse en la edad adulta, dejándolos con baja autoestima que conduce a más problemas en el futuro.

Puede Comenzar un Patrón de Acoso

Una vez que un niño se convierte en una víctima de la intimidación, tiene la posibilidad de comenzar un patrón de intimidación dentro de su vida. Puede cambiar la personalidad de un niño y afectar su mente de tal manera que continúen siendo víctima de acosadores durante el resto de su vida. Entre las personas que han enfrentado el acoso en la escuela, cerca del 40% de ellos informan que han tratado con el acoso de nuevo como un adulto.

Incrementa el Riesgo de Problemas Psiquiátricos

Por último, el acoso escolar puede aumentar el riesgo de sufrir problemas psiquiátricos en el futuro. Los estudios realizados sobre las víctimas de acoso han demostrado que tenían un mayor riesgo de lidiar con trastornos de ansiedad cuando llegaron a la edad adulta. Algunos estudios muestran que los niños que eran agresores tenían más probabilidades de llegar a la edad adulta y lidiar con la depresión, trastorno de pánico, agorafobia y pensamientos suicidas.

La intimidación nunca debe ocurrir. No es una experiencia inofensiva y es una gran cosa. La intimidación tiene un efecto enorme sobre las víctimas y puede incluso tener efectos dañinos serios en los acosadores también. Ninguna persona merece ser intimidado y una mirada a los efectos secundarios que la intimidación puede tener en las personas muestra lo importante que es luchar contra este problema en las escuelas, en el trabajo y en la sociedad en su conjunto.

CAPÍTULO 4: QUÉ ENSEÑARLES A LOS NIÑOS SOBRE LOS ACOSADORES Y EL ACOSO

Proteger a nuestros hijos del daño es nuestra responsabilidad y deber como padres. Pero la triste realidad es que, no podemos estar con nuestros hijos 24/7. Es a veces durante estos intermedios cuando el daño sucede a nuestros niños. Uno de esos casos es el acoso.

La intimidación es un acto de comportamiento agresivo repetido con el fin de herir intencionalmente a otra persona, físicamente o mentalmente. Una definición clara de lo que significa intimidar debe explicarse a los niños antes de que podamos enseñarles qué hacer. Muchos niños no saben que están siendo intimidados simplemente porque no saben lo que la palabra constituye. Dar ejemplos de intimidación les dará una imagen más clara de lo que realmente es especialmente los jóvenes.

¿Qué son los acosadores?

- Los acosadores son estúpidos
- Si tienen más de la mitad del cerebro de una persona promedio, serían lógicamente capaces de distinguir entre el bien y el mal.
- Los acosadores carecen de disciplina
- No fueron disciplinados adecuadamente por sus padres. Sé cuánto amor y paciencia están involucrados en criar hijos porque soy un padre. Permitir a los niños obtener un pase para las cosas que eventualmente serán perjudiciales para sí mismos y para otros es una práctica de padres pobres.
- Los acosadores son restos emocionales
- Odian al mundo ya quienes viven en él porque tienen muchos problemas en su

hogar. Lo entiendo. ¿Quién no? Utilizan el arte del desplazamiento y usan toda su ira hacia otros menos amenazadores. La ira es justificable, pero la reacción definitivamente no es aceptable. Estimado matón, si no puedes contratar a un psiquiatra, deja que todo en Facebook. Eso es para lo que sirve. Mejor aún, hacer la mejor forma de mecanismo de defensa que es la formación de la reacción.

- Los acosadores son inseguros y asustados

- Torturan a los demás con tonterías para encubrir sus inseguridades. Ocultan su inadecuación menospreciando a otros con la esperanza de que nadie conozca la suya. Estúpido.

- Dile a tus hijos que hablen

- Enseñe a sus hijos a decirle, a su maestro, oa una persona de autoridad sobre su caso. Dígales a sus hijos que si no hablan, el acoso nunca se detendrá y empeorará cada día. Ponga mucho énfasis en este hecho.

- Envolverse con buenos amigos

- La mayoría de las víctimas de intimidación son solitarios. Si su hijo se rodea con muchos amigos, el matón tendrá más dificultades para llegar a él o ella.

- Únase a cualquier disciplina de Artes Marciales

- Esto ayudará a sus hijos a ganar confianza al aprender a defenderse cuando sea necesario. No se preocupe por sus hijos golpeando a todos, incluso si han subido al estatus de cinturón negro. Dado que las artes marciales son una disciplina, siguen ciertos principios o principios. No se limitan a pelear.

- Retroceder

- Abuso verbal es una cosa, inflicción física intencional es otra. Les dije a mis hijos que dieran una advertencia verbal al matón la primera vez que sucediera. La segunda vez es la guerra. Tienen que luchar! Haga que el bully se sienta que sus hijos no tolerarán su agresión hacia ellos.

- La realidad de la intimidación.

La intimidación se extiende a través de todas las edades y esto debe ser explicado a nuestros niños bien. No es sólo en su nivel y edad que el acoso ocurre. La intimidación sucederá incluso si su edad ya. Por supuesto, la cuestión de manejar el acoso adulto es diferente, incluso si la naturaleza es la misma. Anime a sus hijos a manejar el acoso escolar ahora para que aprendan y actúen correctamente cuando sean intimidados en el futuro. Hágales saber que a pesar de que es una batalla consistente, siempre hay una buena solución.

La intimidación es un asunto serio y nunca debe tomarse a la ligera. La triste realidad es que muchos niños han tomado sus propias vidas como una solución a la intimidación. Esto nunca debe ser el punto final de la intimidación. Arme a nuestros hijos con conocimiento y confianza para protegerse. No importa cuánto lo deseemos, vamos a enfrentar el hecho de que no siempre podemos estar allí para ellos, así que deben aprender a hacerlo ellos mismos. Mientras que todavía estoy alrededor, permaneceré fiel a este aforismo sin embargo - "toca a mi niño y te mataré".

CAPÍTULO 5: AYUDA A DETENER A TU HIJO DE SER UN ACOSADOR

Esta puede ser una pregunta que usted tiene en su mente cuando su hijo va a la escuela. La intimidación puede causar un temor tremendo y sentimientos extremos de desesperanza y esto no es algo que usted quiere que su hijo o adolescente a participar pulg Saber cómo detener a su hijo de convertirse en un matón es un aspecto importante que todos los padres deben prestar atención. Los acosadores suelen tener el factor "yo". Sólo se ven a sí mismos y quieren obtener tanto poder como puedan. Aquí hay algunas características que tienden a exhibir cuando se intimida en la escuela.

- Deseo intenso de estar en control

- Impulsivo y fácilmente enojado
- Insistente y agresivo hacia los adultos
- Indiferente y no compasivo hacia sus objetivos

Si usted nota cualquiera de las características antes mencionadas en su hijo, ahora es el momento (nunca es demasiado tarde) para construir en ellos el mensaje de que el acoso de otros no es lo correcto. Usted puede trabajar en transformar a su niño para convertirse en la persona que usted desea que sean, y no una persona que puede arruinar la vida de los otros - que puede dañar eventual su propia vida.

La intimidación no sólo produce resultados negativos para el objetivo, sino que también puede afectar la vida del matón.

Uno sólo tiene que mirar a los jóvenes que han tomado sus vidas como resultado de la intimidación. Esta es una consecuencia trágica que es cada pesadilla de los padres, sin embargo, también hay consecuencias para los estudiantes que han estado haciendo la intimidación. Esto es algo con lo que estarán viviendo por el resto de sus vidas, y también pueden necesitar vivir con las consecuencias legales.

Y mientras que pudieron tener toda la renombre e influencia mientras que están intimidando otros, pueden realizarse más adelante que se quedan sin amigos en escuela debido a sus acciones.

Si su hijo es un matón o está empezando a desarrollar los signos de ser uno, aquí hay algunos consejos sobre cómo alejarlos de este tipo de comportamiento.

1) Ayuda a tu hijo a entender los efectos del acoso:

Para ayudar a prevenir la intimidación en la escuela, usted necesita educar a su hijo. Dedique tiempo a ayudarles a reconocer que el acoso no hace más que perjudicar a otro individuo. Para poder transmitir este mensaje puede ser útil (dependicndo de la edad del niño) mostrarles algunos videos de You Tube de algunas de las consecuencias trágicas ... tristemente hay un montón de éstas y luego tener una discusión del impacto de estas consecuencias.

Usted puede sugerir que ser un héroe que ayuda a otros es mucho mejor que ser un matón que está dañando a otros estudiantes. Muéstreles cuáles son los beneficios de ser alguien que busca a los demás y ayuda a los demás. Considere este ejemplo -de un padre al que se le dio a su hijo un montón de globos de helio y él quería guardarlos todos para sí mismo.

En cambio, el padre insistió en que su hijo fuera con él a una casa de retiro y diera los globos a las personas mayores. Ellos lo amaban por ello, se preocupaban por el chico y él pasaba el tiempo más maravilloso, aprendiendo la importancia de dar algo o compartir en vez de querer mantenerlo todo para sí mismo.

Permitir que su hijo entienda estas cosas puede tomar tiempo. Como padre, tienes que apegarte a tu misión y apuntar a ese momento en que tu hijo ya no considerará dañar a los demás, sino ayudarlos.

2) Haz que el acoso en la escuela parezca tan desagradable como sea posible:

Otra forma eficaz de ayudar a prevenir que su hijo sea un matón es darles una idea general de los resultados a largo plazo si intimidan a otros, (o si ya está sucediendo) si continúan con este comportamiento en la escuela.

Por ejemplo, usted puede compartir acerca de las personas que terminaron en la cárcel debido a cómo han tratado a otros y los resultados de ese comportamiento - use algunas de las historias anteriores de donde los estudiantes han terminado en la corte debido a su intimidación y sus vidas han sido arruinado ... otra vez esto dependerá de la edad de su niño.

Si el niño es más joven puede ser simplemente la consecuencia de perder a todos sus amigos y no ser invitado a las partes, o jugar juegos, etc El objetivo aquí es hacer Acoso una cosa muy poco atractiva para hacer.

3) Proporcionar Apoyo:

Otra cosa importante que puede hacer es hacerles saber que tienen su tiempo y disponibilidad. Hágales saber que usted siempre está listo para proporcionar el apoyo que necesitan. Esto significa ganar tiempo para pasar con ellos como una familia, pero también tomar el tiempo para conectarse con ellos en un nivel más profundo y descubrir cómo van.

Aprender las maneras más efectivas de ayudar a prevenir que su hijo sea un matón en la escuela no es una tarea fácil. Sin embargo, con el profundo deseo de ayudarlos, apoyarlos y darles los mensajes correctos de lo que usted espera como padre - usted comienza el viaje

de enseñarle a su hijo la manera correcta de
tratar a los demás.

CAPÍTULO 6: CÓMO ENFRENTAR A LOS ACOSADORES

Una de las lecciones más desgarradoras que cualquier niño tiene que aprender es cómo hacer frente a los acosadores. Tratar a los acosadores siempre ha sido un problema que los estudiantes han tenido que enfrentar. Hoy en día, los padres se están dando cuenta de que no tomar la niñez y el acoso adolescente en serio puede costar a sus hijos más de una reputación cool. En algunos casos, la intimidación en el día moderno está costando a los niños la vida!

Esto se debe a los acosadores han sido mucho más inteligente y penetrante sobre sus tácticas. En el pasado, un matón solía distinguir a su objetivo con el nombre de los llamados y físicamente atacándolos. Los acosadores a menudo actuaban solos. Hoy en día, los acosadores pueden unirse a otros para atormentar sus objetivos. Son capaces de hacer esto con el uso de los dispositivos electrónicos que son tan comunes.

Es muy común que los acosadores usen internet y teléfonos móviles para abusar verbal y socialmente y emocionalmente de sus víctimas. En el pasado, si la intimidación se convirtió en un problema demasiado para un niño, entonces el niño podría ser removido de una escuela y hacer nuevos amigos en otro. Hoy en día, dado que la intimidación suele tener lugar en todo el mundo las formas de comunicación, muchos niños sienten que la única manera de evitar ser abusado es por el suicidio.

Los padres simplemente no pueden ignorar la intimidación más, o anotarla como comportamiento infantil que desaparecerá con el tiempo. Los padres necesitan enseñar a sus hijos cómo enfrentarse a los acosadores - para preparar a sus hijos con tantas habilidades de asertividad como sea posible. Esto disminuye las posibilidades del niño de convertirse en un blanco para los acosadores. Los padres podrían evitar enseñar a sus hijos habilidades de asertividad, temiendo que podrían estar preparando a sus hijos para ser más agresivos. Sin embargo, los padres necesitan entender que hay una diferencia entre mostrar la agresión y mostrar asertividad. Más allá de esto, los padres necesitan entender que los acosadores son depredadores. Nunca seleccionan niños asertivos o igualmente fuertes para atacar; seleccionan a aquellos que se encuentran como débiles o pasivos.

Las habilidades de asertividad enseñan a los niños a mostrar orgullo personal. Permiten que los niños desarrollen límites personales, con respecto a cómo serán tratados. Estas son lecciones que no sólo son importantes para aprender a navegar en la escuela, sino que son habilidades que son cruciales para navegar situaciones de adultos, como el lugar de trabajo, el matrimonio y la crianza de los hijos.

Una de las habilidades de asertividad más importantes pero fáciles que un padre puede enseñar a sus hijos es mantener la cabeza erguida y mirar a los demás a los ojos. A los acosadores les gusta apuntar a aquellos que parecen tener baja autoestima. Cuando un niño mira a la gente a los ojos, envían un mensaje no verbal que no tienen miedo de los demás. Cuando mantienen la cabeza erguida, envían un mensaje que se respetan a sí mismos.

Sin embargo, hay niños que tienen una autoestima saludable y, sin embargo, descubren que son víctimas de acoso. ¿Qué puede hacer un padre para enseñar habilidades de asertividad de niños aparentemente saludables para superar el acoso basado en celos? Los padres necesitan tener un montón de charlas con sus hijos, para ayudarles a entender que este tipo de intimidación tiene sus raíces en los celos y no tiene nada que ver con el niño personalmente. Más allá de esto, los padres necesitan llegar a las autoridades de la escuela ya los padres del matón, para trabajar juntos para tratar los problemas raíces que están causando Acoso.

Otro conjunto de habilidades de asertividad para ayudar a los niños a enfrentarse a los agresores son las habilidades de comunicación verbal. Los padres necesitan enseñar a los niños a hablar en un tono de voz que es uniforme, pero fuerte. Los padres también deben enseñar a sus hijos que hay momentos en que el niño debe decir "Ni y el niño debe lo que quieren decir que los padres pueden enseñar a sus hijos una variedad de habilidades de asertividad que permiten a sus hijos a comportarse de manera amable, a otros niños que no deben ser desordenados o apuntados para la intimidación.

Como puede ver, es importante educar a su hijo para saber cómo enfrentarse a los acosadores. Al hacerlos conscientes de lo que pueden hacer y de cómo reaccionan, definitivamente los prepararán para tomar una posición.

CAPÍTULO 7: CONSEJOS PARA SUPERAR EL ACOSO

No hay una fórmula sencilla para manejar un matón. Puede que tenga que probar muchas estrategias antes de encontrar la que funciona. Es clave, sin embargo, para mantener su auto-control cuando se trata de un matón como un matón está típicamente buscando una reacción.

Entender de qué se trata la intimidación-Caminar lejos de un matón es el mejor curso de acción. Los acosadores buscan el control de sus emociones. Al alejarse usted muestra que usted es el que está en control.

Siempre reporte el acoso a un adulto-El acoso escolar puede progresar a violencia física si no se denuncia. Los adultos tienen más poder para ayudar y normalmente pueden eliminar la situación sin que el matón sepa que él / ella fue reportado.

Es posible que tenga que hacerlo más de una vez, ya que los agresores pueden ser repetitivos.

Desarrollar un sistema de apoyo con personas que no intimiden - Tener personas en su vida que puede recurrir a un apoyo y aliento puede ayudar mucho. Encuentra amigos que comparten el mismo interés y los mismos valores que usted. Comparta sus sentimientos con un padre o consejero si las cosas se ponen difíciles.

Lo que Pueden Hacer los Padres y Maestros para Detener el Acoso

Es posible que no te des cuenta, pero puedes jugar un papel enorme en el final de la intimidación para un adolescente. Mediante la creación de ambientes libres de estrés en el hogar y en la escuela puede aliviar la ansiedad asociada con la intimidación. La intimidación es un problema generalizado y, sin embargo, todavía hay muchos conceptos erróneos tanto los maestros como los padres tienen acerca de la intimidación.

Cómo detectar las señales de que un adolescente está siendo intimidado

La intimidación no siempre es obvia para los adultos, ya que a menudo ocurre en los pasillos o en el camino a casa desde la escuela. Los acosadores intentarán ocultar su comportamiento de un adulto, no sólo eso pero las víctimas ocultan a menudo evidencia debido a la vergüenza.

Tomando las medidas para detener la intimidación

Hable con su hijo adolescente sobre el acoso escolar - Sólo el hecho de hablar de acoso escolar con su hijo adolescente puede causar la desaparición de la ansiedad. Escucha los sentimientos de tu hijo sin juicio y apoya.

Limite las cosas que van a la escuela - Si su hijo está experimentando intimidación debido a lo que tienen entonces eliminar el problema mediante el envío de un almuerzo en lugar de dinero o dejar todos los aparatos como teléfonos y iPod en casa.

Encuentre ayuda - Si su hijo tiene miedo de un matón lo último que quiere es que falten a la escuela sobre el tema. Asegúrese de que los maestros y entrenadores son conscientes de que su hijo está siendo intimidado. Ningún adolescente debería tener que lidiar con el problema solo.

Asegúrese de que su adolescente no esté aislado - Los adolescentes que tienen un buen grupo de amigos suelen estar mejor equipados para manejar el acoso. Encuentre aún más maneras de aumentar su círculo social a través de grupos o clubes.

Si está buscando ayuda con la intimidación de su hijo adolescente y necesita un poco de orientación, póngase en contacto con uno de nuestros entrenadores de la vida. Le proporcionarán las herramientas estratégicas para ayudarle a obtener un sistema de apoyo para su hijo adolescente y le ayudará a través de los pasos para recuperar el control de la situación.

CAPÍTULO 8: ACOSO: CÓMO PREVENIRLO

La intimidación es un problema serio que tiene muchos efectos tales como baja autoestima y depresión. También es común para uno tener pensamientos suicidas como resultado de la intimidación Debido a los efectos que vienen con él, es primordial que usted considere la prevención. Algunas de las maneras más eficaces de prevenir el vicio incluyen:

Crear un programa anti-acoso

Un programa anti-intimidación ayuda a enseñar a los niños lo que es un comportamiento aceptable e inaceptable. Para resultados ideales, debe introducir el programa durante la preescolar y la escuela primaria. El programa puede ser una actividad escolar en la que los niños participan o puede ser un club después de la escuela.

Cuando te encuentres con los niños, debes dejarles saber lo que es un matón. También debe hacerles saber las muchas formas de intimidación que incluyen: amenazas, intimidación, robo, acoso racial y provocaciones no deseadas.

Los niños también deben conocer el comportamiento de los acosadores donde el comportamiento puede ser físico o psicológico. El comportamiento puede tener lugar durante la escuela, después de la escuela o en el interior.

Para contrarrestar la intimidación, debe abordar las características de liderazgo. Aquí debe abordar cómo los niños pueden ser grandes líderes en la escuela y en su comunidad.

Juego de roles con los estudiantes

Otra gran manera de prevenir la intimidación es por el juego de roles con los niños. Debe pedir a los niños que diseñen situaciones en las que pueda ocurrir el acoso escolar y pedirles que actúen en esas situaciones. Para que los niños vean la situación desde ambos extremos, debe alentar a cada niño a que desempeñe ambos roles. Después de actuar, debes preguntarles cómo se sintieron al ser intimidados o intimidar a otros

Introducir nuevas formas de vida en la escuela

Una de las principales razones por las que los niños se intimidan es porque no entienden diferentes culturas o religiones y generalmente usan el acoso como un mecanismo de defensa.

Para poner fin a esto debes introducir nuevas culturas en la escuela. Por ejemplo, usted puede hacer de su escuela un ambiente multicultural. También puede invitar a estudiantes de diferentes orígenes para discutir su herencia y tradiciones en la escuela.

Involucrar a los Padres

Una de las mejores maneras de involucrar a los padres es mediante el diseño de una campaña contra la intimidación para los padres.

Usted debe invitar a los padres y estudiantes a una noche que tiene como objetivo detener el acoso escolar.

Durante la reunión, usted debe pedir a un psicólogo infantil y un ejecutor de la ley para ser los oradores de la noche. Los oradores deben hablar mucho sobre los efectos de la intimidación y cómo detenerla.

CAPÍTULO 9: QUÉ PUEDEN HACER LOS PADRES PARA AYUDAR A DETENER EL ACOSO

Así que como padre, ¿qué puede hacer para ayudar a detener la intimidación?

Debido a que el acoso escolar es un problema permanente sin solución inmediata a la vista, como padre, ¿qué puede hacer?

Aquí hay siete cosas que puedes hacer.

1) Enséñele a su hijo que el acoso no es una parte normal de la vida y que no está bien para ellos intimidar a los demás, ni deben soportar a alguien que los acosa. Asegúrese de inculcar a su hijo cómo deben tratar a otros - si son más jóvenes; enseñarles que golpear, empujar o gritar a otros etc no es un comportamiento aceptable.

1. También, si hay presión de sus amigos para intimidar a otros que necesitan para mantenerse fuertes y decir que no.

2) Necesitan saber que está bien decirlo. Hágale saber a su hijo que si alguien los intimida o si lo ven sucediendo, está bien hablar con usted sobre ello. Inculque en su hijo que decirle a un adulto que alguien está siendo un matón no es un signo de debilidad sino que es realmente lo opuesto: se necesita mucha fuerza y agallas para pedir ayuda. Esto "si usted dice que es un ..." es simplemente una estratagema en el nombre de los acosadores para seguir escapando con lo que están haciendo. Todos tienen derechos, que deben ser respetados.

2. También hable con ellos acerca de entrar y ayudar a alguien que está siendo intimidado, lo importante que es, pero también lo que necesitan estar conscientes antes de hacer esto -

que necesitan para sentirse seguros y si no, pueden buscar ayuda de un adulto.

3) Asegúrese de construir a su hijo con confianza. Hay un número de maneras que usted puede hacer esto ... por qué sugerimos esto. En primer lugar, porque un matón generalmente busca a un niño que no está seguro y dos, si están seguros, pueden ayudar a otros. Una de las mejores maneras de construir su confianza es a través de la autodefensa de aprendizaje. Esto les ayudará a poder mantenerse altos y fuertes y no ser intimidados por otros niños que pueden parecer más poderosos.

4) Como padre ser un ejemplo positivo. Los niños copian a sus padres. Ellos te observan todos los días. ¿Con qué frecuencia se trata a alguien de una manera negativa porque han sido demasiado lentos o bloqueado sus planes ... pensar en ello. ¿Cómo reacciona ante los demás cuando

conduce, en el supermercado, al teléfono con su persona de servicio al cliente Telco favorita, o cuando no consigue su propio camino. Tus hijos te miran y te copiarán. Usted puede enseñarles cómo comportarse, por cómo se comportan y tratan a otros.

5) Manténgase en contacto con sus hijos - esto puede sonar un poco extraño, pero a veces podemos estar tan ocupados que este tiempo se pierde. Hacer que el tiempo para pasar con ellos todos los días - tocar la base de cómo van, cómo va la escuela, etc Establecer el trabajo en equipo en casa y asegúrese de que hay una comunicación constante entre sí. Estar dentro de la esfera de influencia de sus hijos y saber lo que están haciendo. Si usted nota que su comportamiento es repentinamente diferente - hable con ellos sobre ello.

6) Manténgase al día con lo último - famili-
arícese con los caminos de esta genera-
ción, no elija estar ciego y quedarse atrás.
Acoso en línea no será algo que usted ha
experimentado al crecer, sin embargo, el
mundo en línea que es mucho una parte de
la vida de nuestros hijos. Por lo tanto, es
importante entender el mundo en línea de
su hijo y educarlos en cuanto a lo que es el
acoso en línea y lo hiriente que puede ser.
Puede ser que usted elija tener algunas
reglas básicas en casa, cuando se trata de
estar en línea para ayudar a proteger a su
hijo. También le ayudará si puede darles
una guía en cuanto a lo que necesitan hacer si son intimidados en línea.

7) Tener límites en casa. Esto puede parecer
una cosa extraña a decir, sin embargo, las
reglas de la casa y los límites son de suma
importancia. Como el otro significativo en
la vida de sus hijos, un padre tiene que

establecer límites y límites desde el principio. Hacer y no hacer debe ser parte de la formación de sus hijos en el autocontrol y como se mencionó anteriormente, enseñándoles la manera correcta de tratar a los demás también es de vital importancia. Al no enseñarle a su hijo estas cosas y al no darle límites a su hijo, es posible que esté reproduciendo involuntariamente a un niño que se convierte en un matón, porque son incapaces de regular sus emociones, son inconsiderados en sus acciones, siempre esperan conseguir su propio camino y son irrespetuoso hacia los demás.

Estas son sólo algunas de las cosas que puede hacer como padre para ayudar a detener la intimidación.

CONCLUSIÓN

Como padre, es importante que usted tome medidas para ayudar a su hijo si está siendo intimidado en la escuela. En este artículo, le daremos algunos consejos y pautas sobre cómo trabajar con su pequeño y su escuela para poner fin a cualquier intimidación que está teniendo lugar.

Trabajar con Tu Hijo

Identifique con su hijo. Permítale expresar sus emociones, ya sea ira o tristeza. Escuche sus preocupaciones. Dígale que le alegra que le informó de la situación en lugar de mantener sus problemas para sí mismo. Hágale saber que el matón es el culpable.

En equipo. Muestre a su niño que él no está luchando esta batalla solamente, y que él tendrá siempre su ayuda. Trabajen juntos para resolver el problema.

Manténgase en contacto cercano. Llegue con él con mucha frecuencia para saber cómo está progresando la situación. Enséñele a su hijo a defenderse. Dile que hable con el matón con una voz fuerte, diciéndole al matón que retroceda y lo deje en paz. Que practique defenderse verbalmente con usted.

Aconseje a su hijo a obtener ayuda de los adultos. Hágale saber que la escuela está a su lado, y que siempre puede encontrar un adulto para ayudarlo en su causa. Ayúdelo a averiguar y practicar qué decirle a un adulto.

Trabajar Con La Escuela

Establecer líneas de comunicación. Hable con el maestro, consejero o director apropiado. Ponga una cita si es necesario. Diga al personal que está siendo intimidado para que estén al tanto de la situación. Revise las reglas de la escuela. Aprenda qué políticas contra la intimidación y el acoso de los estudiantes están en su lugar. Señale estas reglas cuando trate de conseguir que los funcionarios ayuden a detener el acoso escolar.

Documentar casos de intimidación. Anote una lista de incidentes específicos en los que su hijo fue víctima de intimidación. Mostrar una lista sustancial y concreta de casos ayudará a convencer al personal de que lo ayude. Sin tal documentación, algunos miembros menos entusiastas del personal pueden simplemente ignorar sus peticiones, pensando que son simplemente las súplicas inconsecuentes de un padre excesivamente preocupado.

Busque consejería para su hijo. Hable con el asesor o consejero apropiado. Esta persona puede ser capaz de hablar y consolarlo, posiblemente aliviando el estrés que siente incluso el día de ser intimidado.

Vuelve con la escuela con frecuencia. No pierda el contacto con la escuela después de la primera vez que habla con ellos sobre el tema. Seguir con ellos incluso 'tan a menudo para preguntar cómo su pequeño está haciendo y si la intimidación se ha detenido todavía. Cuanto más persistente eres, más probable es que ellos tomen acción real. No todos los miembros del personal pueden estar encantados de ayudarle en su caso, por lo que a menudo tendrá que hacer algunos empujones y molestar para demostrar sus puntos.